FORMATION DE LA TERRE

Va paraître :

ÉLÉMENTS

DE GÉOMÉTRIE EN FORMATION

FORMATION
DE LA TERRE

MERS UNIVERSELLES.—ATMOSPHÈRES COMPARÉES
FEU CENTRAL. — VOLCANS
SOULÈVEMENT DES MONTAGNES, THÉORIE NOUVELLE
CRITIQUE DES SAVANTS
LA FIN DU MONDE DOIT-ELLE ARRIVER PAR LA FAMINE ?

Par C. VALFREY

Chef d'institution, conférencier et membre du Club Alpin français

1879

A l'usage des institutions, des collèges et des lycées.

EN VENTE
CHEZ M. GEDALGE, LIBRAIRE
75, RUE DES SAINTS-PÈRES, 75

FORMATION DE LA TERRE

CHAPITRE Ier.

FORMATION DE LA TERRE.

Fossiles.

Lorsqu'on examine ces magnifiques forêts qui couvrent les montagnes, ces vastes prairies émaillées de fleurs, ces gras pâturages, ces blés jaunissants, ces coteaux couronnés de vignes et ces villes de palais dont l'antiquité se perd dans la nuit des temps, il est difficile de croire que de graves bouleversements aient agité la surface du globe terrestre. Il semble, au contraire, que la nature se soit endormie le lendemain de sa création pour se réveiller riche et puissante après un certain nombre de siècles. Mais ne nous laissons point tromper par ces apparences : notre globe a éprouvé des secousses qui ont bouleversé sa surface et qui l'ont fait trembler jusque dans ses fondements.

Pour nous en convaincre, pénétrons ensemble dans l'intérieur de la terre, descendons par ce puits que s'est creusé l'ouvrier, l'intrépide ouvrier qui ne recule ni devant les difficultés ni devant les périls, et un grand nombre de faits se présenteront à nos yeux. Prenons avec nous un thermomètre et nous reconnaîtrons bientôt que la température augmente d'un degré toutes les fois que l'on s'enfonce de trente-trois mètres dans l'intérieur de la terre. Cette expérience s'est vérifiée sur plusieurs points du globe, et particulièrement à Mondorf, dans le grand-duché de Luxembourg, jusqu'à une profondeur de 730 mètres. C'est là la plus grande profondeur à laquelle on soit parvenu jusqu'ici. Nous verrons aussi les parois du puits de la mine formées par un grand nombre de couches de nature et de positions différentes. Les unes sont horizontales, d'autres verticales et d'autres enfin sont obliques et comme plissées et repliées sur elles-mêmes. Cette multitude de couches terreuses, prenant toutes les directions, est une preuve évidente et incontestable du travail de la nature, et que ce travail n'a pu s'opérer qu'au moyen d'une puissante force mécanique.

Armés d'une pioche, continuons à creuser la terre et demandons-lui compte des objets qu'elle recèle depuis des siècles.

Elle nous présentera des corps ou vestiges de corps, restes d'animaux ou de végétaux, enfouis à des profondeurs considérables. C'est à ces débris que nous donnerons le nom de fossiles.

Pour plus de détails on peut consulter Buffon et Louis Figuier auxquels nous emprunterons quelques passages.

« Les anciens, dit Figuier, connaissaient déjà les fossiles, particulièrement ceux des grands éléphants. C'est ce qui a donné lieu à un grand nombre de légendes et d'histoires fabuleuses. Par exemple, on attribuait à Ajax, Achille, Hector et autres héros de la guerre de Troie une longueur de vingt pieds. On a trouvé dans le tombeau d'Ajax une rotule aussi grande qu'une assiette. » Nul doute, cette rotule n'était point celle d'Ajax, comme on a bien voulu le dire, mais celle d'un de ces grands animaux qui vivaient longtemps avant l'arrivée de l'homme sur la terre. Quant à Achille, Hector et autres héros de la guerre de Troie, auxquels on prête, comme à Ajax, une longueur de vingt pieds, il est douteux qu'ils aient existé. Les grands squelettes qui les représentaient avaient probablement appartenu à une race de grands éléphants, qui n'existent plus aujourd'hui. Les erreurs de cette nature ne sont pas rares et ne doivent point nous étonner; elles étaient assez fréquentes à cet âge où on était peu versé dans l'étude des sciences naturelles. Nous en citerons un exemple très-intéressant au commencement de notre critique des savants. (Chapitre VI.)

Sortons de ces immenses excavations dans lesquelles nous sommes descendus et commençons nos recherches à la surface du sol. Ouvrons la terre, creusons et nous trouverons aussi des coquilles. Cette merveilleuse trouvaille n'étonne point lorsqu'elle a lieu dans une rivière ou dans un lac, mais lorsqu'elle se présente dans la terre ferme et surtout au sommet d'une montagne, elle donne lieu à un problème dont il faut chercher la solution.

Les hommes, trop convaincus de leur ignorance, se sont demandé longtemps si les mers universelles avaient occupé le sommet des plus hautes montagnes et si elles y avaient déposé les coquilles que nous y trouvons aujourd'hui. Ici, les idées se trouvent partagées et chacun est bien libre d'en croire ce qu'il veut. Nous citerons à ce sujet les idées de Voltaire, de Barba et de Buffon, viendront ensuite les nôtres.

Voltaire disait que les coquilles trouvées au-dessus des Alpes avaient été jetées là par des pèlerins qui revenaient de Rome. Il est fâcheux que l'immortel écrivain ait concentré tout son talent sur le même point et que son bon sens soit venu se briser contre des coquilles. Si, du haut des Alpes il eût jeté les yeux sur les Pyrénées, il eût découvert dans cette barrière formée par la nature, des montagnes énormes de coquilles. Mais si des pèlerins ont pu former de semblables montagnes, il faut avouer que tout le monde, depuis saint Pierre jusqu'à Voltaire, était pèlerin. Encore ce nombre incalculable d'êtres eût à peine suffi pour élever les montagnes de coquilles existant de nos jours. J'aurais voulu voir cette multitude d'hommes, de femmes, de vieillards et d'enfants explorant les rivières, les lacs et les mers, pêchant, ramassant, portant à bras ou à dos, entassant soigneusement des coquilles afin d'en faire une barrière infranchissable entre la France, l'Italie et l'Espagne.

Mais les chemins qui traversaient les Alpes étaient-ils praticables à cette armée formidable de pèlerins? Nous ne le pensons pas. Napoléon Ier, voulant franchir le Saint-Bernard, se perdit dans les neiges, il fut trop heureux de rencontrer un ânier qui lui montra le chemin. Longtemps avant lui, Annibal perdit trente-cinq mille hommes en traversant ces montagnes. Il passa par Novalaise, Chambéry, le mont Cenis et Suze. Arrivé au col de l'Epine, il engagea son armée sur une corniche de rocher large d'un mètre, bordée d'un côté par des rochers escarpés et de l'autre par de profonds précipices au fond desquels roulaient pêle-mêle hommes, chevaux et bêtes de charge. En traversant le mont Cenis, il rencontra, en

1.

descendant du côté de l'Italie, un énorme rocher qui se dressa devant lui comme une barrière infranchissable et dans lequel il fut obligé de se creuser un chemin au moyen du feu et du vinaigre, comme le dit Tite-Live, et le quatrième jour les neuf mille hommes qui lui restaient purent passer.

Jacques Maissiat, s'inspirant de Strabon et des Itinéraires d'Antonin, parle en ces termes :

« Par le pays des Taurini débouchaient deux chemins qui arrivaient des bords du Rhône par les Alpes Cottiennes. L'un, à partir d'Arles, montait par la vallée de la Durance à Gap ; l'autre, à partir de l'embouchure de la Drôme dans le Rhône, montait par Aoste, Die et Luc jusqu'à Gap ; et depuis Gap le chemin unique résultant de l'union de ces deux branches gagnait le mont Genèvre.

« Par le pays des Salassi débouchaient en Italie trois chemins qui venaient de la rive gauche du Rhône à travers les Alpes. Deux y arrivaient par le petit Saint-Bernard et le troisième par le grand Saint-Bernard. L'un des deux premiers partait de Vienne et gagnait Aoste. De là, il arrivait à Montmeillan, d'où, sans passer l'Isère, il remontait par le pays des Centrones. Le second de ces deux chemins partait de Genève et, coupant au court par Annecy, venait se réunir au premier à Moutiers, d'où ces deux chemins réunis en un seul allaient franchir le petit Saint-Bernard. Avant de parvenir en Italie, ces deux chemins se réunissaient au troisième dans la vallée de la Grande-Doire, et le chemin unique résultant de l'union de ces trois branches débouchait à Aoste.

« Quant aux chemins qui arrivaient en Italie en traversant le Simplon, le Saint-Gothard et le Splügen, les Itinéraires d'Antonin n'en parlent pas.

« Strabon, qui écrivait sa Géographie du temps d'Auguste, dit que celui de ces chemins des Alpes qui traversait le pays des Centrones est le plus long mais le meilleur.

« Polybe, dit Strabon, ne nomme que quatre passages à travers les Alpes, l'un par la Ligurie, près de la mer Tyrrhénienne; un autre qui traverse le pays des Taurini; un troisième qui passe par le pays des Salassi et un quatrième par celui des Rhæti. Tous quatre sont, dit-il, pleins de précipices. »

Comme on le voit, ces chemins étaient peu praticables; ils étaient tous pleins de précipices et ne pouvaient permettre à des milliers de pèlerins de s'y installer commodément pour élever leurs montagnes.

—

CHAPITRE II.

FOSSILES.

(*Suite.*)

Barba aussi a voyagé en Amérique, et comme son nom était peu connu des naturalistes, il a raconté lui-même ses voyages, crainte de rester dans l'oubli. Il dirigea ses recherches vers les Andes, cette immense chaîne de montagnes de l'Amérique méridionale, qui s'étend dans toute la longueur de ce continent, en longeant la côte occidentale. Il parle de la riche végétation qui croît au pied de ces montagnes, des bêtes sauvages qu'il rencontra sur leurs versants et des luttes terribles qu'il fut obligé de soutenir contre tant d'ennemis, desquels il eut le bonheur de triompher. Nous aurions peine à ajouter foi au récit de ses voyages, si nous n'avions vu de nos propres yeux les cactus et les ananas que le grand voyageur a rapportés lui-même. Semblable à ce soldat qui revient de la guerre, il a tout vu, tout entendu et donne pour axiomes les plus grandes absurdités.

Barba a vu au-dessus des Andes des quantités énormes de coquilles de toute espèce et de toute grandeur.

Il ne dit pas, comme Voltaire, que des pèlerins les ont jetées là en revenant d'une ville éternelle ; mais l'erreur dans laquelle il tombe n'est pas moins grande que celle du grand écrivain. Selon lui, ces coquilles ont été déposées sur ces sommités par les mers primitives lorsqu'elles occupaient ces hauteurs.

Il n'est guère possible d'être plus naïf. Qu'en pensez-vous, chers lecteurs ?

Comment Barba a-t-il pu trouver des coquilles au-dessus des Andes, puisque ces montagnes sont couvertes de neiges éternelles ? L'existence de coquilles sur ces hauteurs ne serait point un mystère. S'il en existe, elles doivent reposer sur le sol, où elles ont dû être placées par les eaux primitives.

Des couches énormes de neige et de glace, accumulées depuis des siècles, doivent les recouvrir et les dérober pour toujours à tous les regards. En effet, quel serait l'œil assez vif qui pourrait apercevoir des coquilles sous une épaisseur de neige et de glace qui peut varier de trente à cinquante mètres ?

D'où nous pouvons conclure que les coquilles de Barba n'ont pu être remarquées que sur de très-petites hauteurs, c'est-à-dire où elles ne pouvaient pas être cachées par les neiges et les glaçons. Mais nous nions formellement leur existence à la surface des neiges.

Buffon, ce grand naturaliste, fut assez simple pour ajouter foi aux utopies de Barba. Il fit mieux, il leur consacra une magnifique page dans son *Traité d'histoire naturelle.* L'erreur dans laquelle Buffon tombe ici est très-grave. Elle peut être comparée à celle où il dit que la terre a été détachée du soleil par le choc d'une comète. Voici ce que dit le R. P. Secchi, directeur de l'Observatoire romain, au sujet de la formation de la terre. Cette théorie a été proposée par Kant, Herschell et Laplace, et M. Plateau l'a confirmée par ses expériences.

« Il y a déjà longtemps, il existait une immense nébuleuse située au delà des limites occupées actuellement par les planètes les plus lointaines. Cette nébuleuse fut d'abord soumise à un mouvement de rotation très-lent, mais qui devait s'accélérer plus tard. D'après la loi des aires, chaque particule libre doit se mouvoir de manière que son rayon vecteur décrive des aires égales dans des temps égaux; de là il suit que, le rayon diminuant constamment par la contraction progressive, l'arc décrit pendant l'unité de temps a dû s'accroître, afin que l'aire restât constante. De cet accroissement de vitesse, il résulte une augmentation de la force centrifuge, et lorsque celle-ci est devenue égale à la force de gravitation, il s'est formé des anneaux qui sont demeurés librement suspendus autour de la masse centrale.

« La vitesse augmentant toujours, ces anneaux se sont brisés, et les différents fragments, obéissant individuellement aux lois de l'attraction, ont, à leur tour, formé de nouvelles masses isolées les unes des autres, et qui sont devenues des centres d'action semblables au centre principal. Ces masses, à leur tour, ont pu s'environner d'anneaux de second ordre dont quelques-uns ont persisté jusqu'à nos jours, tandis que les autres, en se brisant, ont formé des satellites.

« Une masse d'huile étant mise dans un liquide de même densité, formé d'un mélange d'eau et d'alcool, on la voit prendre spontanément la forme sphérique. Si on la fait tourner autour de son diamètre vertical avec une vitesse croissante, on voit d'abord la sphère s'aplatir ; puis il vient un moment où il se détache un anneau semblable à celui de Saturne; enfin, la vitesse croissant toujours, un moment vient où l'anneau se brise, et il se forme de petites sphères qui tournent sur elles-mêmes en tournant autour de la masse principale. Le soleil est le résidu encore incandescent de cette masse primitive. Les étoiles sont composées d'une matière encore gazeuse ; elles constituent probablement des mondes en voie de formation. De la grande nébuleuse primitive se sont détachées des quantités considérables de vapeurs qui se sont réunies en une masse énorme à laquelle on a donné le nom de Terre. Cette masse gazeuse, embrasée et portée à une température de 182,000 degrés, brillait dans l'espace comme brille le soleil à nos yeux, comme brillent les étoiles fixes et les planètes au milieu des nuits les plus sereines. Par les progrès du refroidissement, après des milliards de siècles, cette masse incandescente arriva à l'état liquide, puis, après un temps dont il serait impossible de déterminer même approximativement la durée, elle passa à l'état solide. On évalue à environ 12 lieues ou 48 kilomètres l'épaisseur de la croûte terrestre actuellement solidifiée. Il faudrait encore plus de 156 milliards de siècles pour opérer le refroidissement complet des 5 ou 6,000 kilomètres de diamètre qui sont encore en ébullition dans l'intérieur du globe. »

Cette théorie ne laisse aucun doute sur l'origine de la terre; elle démontre clairement que notre planète n'a point été détachée du soleil par le choc d'une comète, comme le dit Buffon, mais qu'elle provient d'un grand amas de vapeurs détachées de la nébuleuse primitive et de quelques autres planètes. Les idées du grand naturaliste ne sont pas plus justes au sujet des coquilles trouvées au-dessus des Andes. Nous le démontrerons bientôt par une théorie très-simple.

CHAPITRE III.

DU RENFLEMENT DE LA TERRE A L'ÉQUATEUR ET DE L'APLATISSEMENT A SES POLES.

Un homme dont nous pourrions citer le nom, à coup sûr un savant, puisqu'il occupait un fauteuil à Versailles l'année dernière, émit aussi la théorie suivante :

Au commencement, dit-il, le globe terrestre était parfaitement sphérique. Sa surface n'offrait ni cavités, ni aspérités, elle était unie comme une glace.

Les eaux, l'ayant enveloppée de toutes parts, déposèrent des coquilles sur ces vastes plaines qui étaient les futures montagnes.

Le savant dont il est question ici n'a pas eu, comme son ami Barba, le bonheur de visiter les Andes; mais, on le voit, il a franchi les Alpes, au moins par ces belles routes qui les traversent en tous sens. Jamais notre planète, depuis le moment où elle est entrée à l'état liquide jusqu'à nous, n'a été parfaitement ronde. Elle prit d'abord la forme sphéroïdale qui lui est propre comme à la plupart des corps célestes, et passa ensuite à celle d'un ellipsoïde aplati à ses deux extrémités.

Voici ce que dit Louis Figuier à ce sujet :

« La terre n'est pas seulement soumise à un mouvement de translation autour du soleil; tout le monde sait qu'elle exécute, en même temps, un mouvement de révolution sur son axe, mouvement uniforme qui produit, pour nous, l'alternance régulière des jours et des nuits. Or, la mécanique a établi qu'une masse liquide en mouvement se renfle vers l'équateur de la sphère et s'aplatit vers ses pôles, c'est-à-dire aux deux extrémités de son axe. C'est en vertu de ce phénomène que la terre, lorsqu'elle était à l'état liquide, se renfla à l'équateur et s'aplatit à ses deux pôles, et de la forme primitivement sphérique (lorsqu'elle était à l'état gazeux) passa à celle d'un ellipsoïde aplati à ses deux extrémités.

« Ce renflement de la terre à l'équateur et cet aplatissement vers les pôles sont la preuve la plus directe que l'on puisse invoquer de l'état primitivement liquide de notre planète. Une sphère solide et non élastique, une bille d'ivoire, par exemple, aurait beau tourner pendant des siècles sur son axe, sa forme n'en serait nullement changée; mais une bille liquide ou de substance pâteuse se renflerait alors dans son milieu et s'aplatirait aux deux extrémités de son axe. C'est en s'appuyant sur ce principe que Newton avait annoncé le renflement de la terre à l'équateur, son aplatissement aux pôles, et qu'il avait même fixé par avance ce degré d'aplatissement. En 1736, Maupertuis, Clairant, Camus, Lemonnier et l'abbé Outhier, furent envoyés en Laponie par l'Académie des sciences pour prendre la mesure directe de cette dépression et de cet allongement. L'astronome Celcius les accompagna et leur fournit les meilleurs instruments de mesure et d'arpentage. En même temps, l'Académie des sciences envoyait aux régions équatoriales La Condamine et Bouguer. Les mesures prises sur les lieux par ces observateurs établirent l'existence du renflement équatorial et de la dépression polaire. Il résulte même de ces mesures que l'aplatissement de la terre aux pôles était sensiblement plus fort que Newton ne l'avait estimé d'après ses calculs. »

Cette théorie, fort simple, doit convaincre notre savant et le faire rendre à l'évidence. Il suffit de la lire pour reconnaître que notre planète n'a jamais été parfaitement sphérique depuis le moment ou elle a commencé à se liquéfier. Voilà une première erreur que nous ne pouvions passer sous silence. Prenons ensuite la seconde.

La chaleur terrestre existe à certains endroits, dit notre savant, mais l'augmentation de température d'un degré tous les 33 mètres est contestée.

Qu'y a-t-il d'étonnant qu'une théorie vraie

et bien établie soit contestée? Dans tous les cas cette théorie ne peut être niée que par des ignorants ou par des gens qui, ne voulant pas avouer leurs torts, refusent de se rendre à l'évidence. On nous dit très-bien aujourd'hui que la ligne droite n'est pas le plus court chemin d'un point à un autre. A plus forte raison on peut dire qu'on ne trouve pas la même augmentation de température dans tous les puits. Nous ne prétendons pas que tous les puits qui sont à la surface du globe donnent la même augmentation de température. Nous sommes les premiers à reconnaître que cette augmentation est nulle, ou du moins très-faible, dans les puits creusés perpendiculairement aux lacs ou aux mers qui se trouvent dans l'intérieur de la terre. Car les eaux de ces lacs et de ces mers, formant un volume énorme, empêchent la chaleur centrale d'arriver jusqu'à la surface du sol, ou ne lui livrent que très-difficilement passage.

On évalue l'épaisseur de la croûte terrestre à environ 12 lieues, au 48 kilomètres. Voici comment on a obtenu ce chiffre.

Nous l'avons déjà dit, la température de la terre augmente d'un degré tous les 33 mètres de profondeur. Ce résultat a été déduit d'un grand nombre de mesures prises dans les puits du Tarn, de Cornouailles, de l'Erzgebirge, de l'Oural, de l'Ecosse, etc., et surtout sur les sondages effectués dans les puits artésiens de Grenelle et de Passy à Paris, et dans un grand nombre d'autres points.

Voici les plus grandes profondeurs auxquelles on soit parvenu jusqu'ici :

A Mondorf on a atteint une profondeur de 730 mètres; à Nensalzwerk, 697 mètres; à Monkwermouth, 550 mètres; à Dukinfield, 610 mètres. C'est la moyenne des mesures thermométriques effectuées dans tous ces points qui a donné une augmentation d'un degré tous les 33 mètres de profondeur.

Troisième erreur. Les eaux, dit notre naturaliste, déposèrent des coquilles sur ces vastes plaines qui étaient les futures montagnes.

Peut-on appeler montagne une surface plane unie comme une glace? Y a-t-il un œil assez exercé pour apercevoir une montagne de 7,000 mètres d'élévation sur une lame de couteau ou sur un miroir? Si la terre était polie comme une glace, elle ne comportait pas de montagnes et cependant une montagne est une élévation de terre qui se distingue de la plaine par sa différence de niveau. Une montagne est une élévation de terre qu'il n'est pas possible de franchir, au moins sans se heurter le pied, ce qui n'a pas lieu lorsqu'on traverse une plaine unie. Si la surface de la terre était unie comme une glace, il ne pouvait pas exister de montagnes, et si l'emplacement d'une montagne est la montagne elle-même, nous devons en conclure que le tout est égal à sa partie, que l'écorce d'une orange est l'orange elle-même, et que la surface de la base d'une montagne et la montagne elle-même ne font qu'une seule et même chose; autant d'absurdités que notre savant n'a pu reconnaître avec tout son bon sens.

Le secret des coquilles et des sables au sommet des montagnes n'est point encore trouvé. Nous donnerons notre idée à ce sujet dans le chapitre suivant.

CHAPITRE IV.

LES MERS PRIMITIVES ONT-ELLES OCCUPÉ LE SOMMET DES PLUS HAUTES MONTAGNES ?

Nous venons de voir les erreurs de Voltaire, Barba et Buffon au sujet des coquilles et des mers universelles. Nous avons toujours combattu leurs idées et nous allons prouver par des chiffres que les mers primitives n'ont jamais occupé le sommet des plus hautes montagnes.

Les mers primitives, quoique peu profondes, couvraient toute la surface du globe terrestre, c'est-à-dire une superficie totale de

122,992,047,872,900 mètres carrés. Les mers actuelles occupent environ les trois quarts de cette surface, ou 92,244,035,904,675 m. carrés. Donnons à ces mers une profondeur moyenne de 50 m. et nous obtiendrons 1,912,201,795,233,750 mètres cubes d'eau. Cette quantité énorme de liquide répandue sur toute la surface de la terre, supposée unie, donnerait une hauteur de 15 mètres. Mais les montagnes sur lesquelles Barba et Buffon ont vu des coquilles ont plus de 7,000 mètres d'élévation, et si nous divisons 7,000 par 15, nous obtenons pour quotient 466 ; c'est-à-dire qu'il aurait fallu une quantité d'eau 466 fois plus grande pour atteindre ces hauteurs.

Notons bien que les eaux qui forment nos mers actuelles, jointes à celles qui flottent, à l'état de vapeurs, suspendues dans l'atmosphère, sont égales en volume à celles qui ont toujours existé et qui existeront toujours. Quant à celles qui se trouvent emprisonnées dans ces excavations immenses qui séparent le feu central de la surface interne de la croûte terrestre, elles ne peuvent y être en grande quantité, car si leur volume dépassait les limites qui leur sont tracées par la nature, il en résulterait pour tout l'univers une épouvantable catastrophe. Ces eaux répandues sur toute la surface de la terre y produiraient une si légère augmentation qu'elle pourrait à peine être appréciée.

Jusqu'ici, tout nous prouve que les mers

primitives n'ont jamais occupé le sommet des plus hautes montagnes, et le mystère des coquilles sur ces sommités nous reste toujours inconnu. En voici, croyons-nous, l'explication :

En 1872, un orage des plus épouvantables éclata sur une forêt de sapins, située au sommet d'une des hautes montagnes du Doubs. Beaucoup d'arbres furent rompus. Un sapin d'une hauteur gigantesque, vendu trois cents francs sur place, fut renversé et ses racines mirent à découvert un banc de sable dont le grain était aussi fin et aussi jaune que celui des bords de la mer. O merveille ! Les habitants du voisinage, étonnés de voir du sable au-dessus de leurs montagnes, coururent en foule étudier ce phénomène. Le maire, suivi de son conseil, s'y rendit revêtu de son écharpe, le percepteur y accourut avec toutes ses feuilles de contributions, le notaire y voyait autant de vieux garçons que de grains de sable, le garde champêtre, avec sa pique, ne manqua pas de verbaliser, et les gendarmes reçurent avec empressement tous ces malheureux qui sortaient de terre. Chacun se pressait sur cette fosse entr'ouverte, interrogeant, regardant et cherchant à découvrir ses secrets : on s'agite de toutes parts, on devise, et bientôt on a en perspective un nouveau déluge. La foule s'accroît, s'agite, tourbillonne et semble vouloir se précipiter dans l'abime.

Cependant elle se calme peu à peu, et, après quelques oscillations nouvelles, elle se disperse et se dirige vers le bas de la montagne en se frappant la poitrine de n'avoir pu deviner le sable mystérieux.

Au commencement, les mers couvrirent toute la surface de la terre, et leurs eaux déposèrent sur cette surface des quantités énormes de sables et de coquilles.

Des fleuves de matières fondues, s'élançant du centre du globe, vinrent frapper la surface interne de la croûte terrestre et soulevèrent les montagnes, qui emportèrent avec elles, sur leurs flancs et jusqu'à leur sommet, les sables et les coquilles que nous y trouvons tous les jours.

Après de longues années, ces montagnes se couvrirent superficiellement de limon, d'herbes, d'arbustes et de grands arbres. Il n'est donc pas étonnant qu'un de ces grands arbres en tombant aujourd'hui mette à découvert les sables et les coquilles qui couvrent ces hauteurs et qu'il tenait cachés depuis des siècles.

Comme nous venons de le voir, les ossements des animaux peuvent se conserver des siècles sans subir la moindre altération. Leur chair aussi peut être préservée de la corruption en la maintenant constamment sous une couche de glace. En voici un exemple très-curieux qui nous est rapporté par notre auteur.

Ce passage a été pris dans les Mémoires de l'Académie des sciences de Saint-Pétersbourg et traduit du latin par Cuvier.

« En 1799, un pêcheur tongouse remarqua sur les bords de la mer Glaciale, près de l'embouchure de la Léna, au milieu des glaçons, un bloc informe qu'il ne put reconnaître. L'année d'après, il s'aperçut que cette masse était un peu dégagée, mais il ne devinait point encore ce que ce pouvait être.

« Vers la fin de l'été suivant, le flanc tout entier de l'animal et une de ses défenses étaient distinctement sortis des glaçons. Ce ne fut que la cinquième année que, les glaces ayant fondu plus vite que de coutume, cette masse énorme vint échouer à la côte sur un banc de sable. Au mois de mars 1804, le pêcheur enleva les défenses, dont il se défit pour une valeur de cinquante roubles. On exécuta à cette occasion un dessin grossier de l'animal.

« Ce ne fut que deux ans après et la septième année de la découverte que M. Adams, adjoint de l'Académie de Pétersbourg, et professeur à Moscou, qui voyageait avec le comte Golovkin, envoyé par la Russie en ambassade à la Chine, ayant été informé à Jakoutsk de cette découverte, se rendit sur les lieux. Il y trouva l'animal déjà fort mutilé.

« Les Jakoutes du voisinage en avaient dépecé les chairs pour nourrir leurs chiens. Des bêtes féroces en avaient aussi mangé; cependant le squelette se trouvait encore entier, à l'exception d'un pied de devant. L'épine du dos, une omoplate, le bassin et les restes des trois extrémités étaient encore réunis par les ligaments et par une portion de la peau. L'omoplate manquante se retrouva à quelque distance. La tête était couverte d'une peau sèche. Une des oreilles, bien conservée, était garnie d'une touffe de crins : on distinguait encore la prunelle de l'œil. Le cerveau se trouvait encore dans le crâne, mais desséché; la lèvre inférieure avait été rongée, et la lèvre supérieure détruite laissait voir les mâchelières. Le cou était garni d'une longue crinière. La peau était couverte de crins noirs et de poil ou laine rougeâtre; ce qui en restait était si lourd, que dix personnes eurent beaucoup de peine à le transporter. On retira, selon M. Adams, plus de trente livres de poils ou de crins, que les ours blancs avaient enfoncés dans le sol humide, en dévorant les chairs. L'animal était mâle; ses défenses étaient longues de plus de neuf pieds en suivant les courbures, et sa tête, sans les défenses, pesait plus de quatre cents livres.

« M. Adams mit le plus grand soin à recueillir ce qui restait de cet échantillon unique d'une ancienne création; il racheta ensuite les défenses à Jakoutsk. L'empereur de Russie, qui a acquis de lui ce précieux monument, moyennant la somme de huit mille roubles, l'a fait déposer à l'Académie de Pétersbourg. »

L'animal dont il est ici question était enseveli dans les glaces depuis des siècles. Par une cause toute particulière et de laquelle il est difficile de se rendre compte, les glaces se rompirent et le cadavre fut jeté sur le sable.

A l'arrivée de M. Adams, l'animal était fort mutilé. Les habitants du voisinage l'avaient dépecé pour nourrir leurs chiens ; les ours blancs en avaient mangé et avaient enfoncé dans le sable humide plus de trente livres de poils. Le squelette était encore tout entier, à l'exception d'un pied de devant que les bêtes sauvages avaient traîné au loin. La tête était couverte d'une peau sèche ; elle pesait à elle seule, sans les défenses, plus de quatre cents livres. Les défenses mesuraient plus de neuf pieds de long en suivant les courbures.

Les chairs étaient dans un état parfait de conservation.

On pourra juger de la grosseur de cet animal par sa tête et ses défenses.

Sa tête pesait plus de quatre cents livres, c'est-à-dire trois fois autant que celle de l'éléphant actuel.

Ses défenses mesuraient plus de neuf pieds ; elles étaient donc trois fois aussi longues que celles de l'éléphant qui vit de nos jours. Si ce dernier a quatre mètres cinquante centimètres de longueur et deux mètres cinquante centimètres de hauteur, le grand mammouth dont nous parlons ici aurait eu treize mètres cinquante de longueur et sept mètres cinquante de hauteur. Cette taille gigantesque ne doit point nous étonner. Au moment où vivait cet animal, la terre était portée à un très-haut degré de température. C'est dans cette atmosphère brûlante qu'il se plaisait, qu'il puisait ses forces et qu'il prenait des proportions considérables.

.Si un tel pachyderme vivait de nos jours, il ferait courir les curieux et les savants de toutes les parties du monde. Mais son existence ne serait pas de longue durée, il se trouverait subitement glacé, même dans les contrées les plus chaudes de l'Afrique.

Les chairs de cet éléphant se trouvaient dans un état parfait de conservation au moment où il est sorti des glaces, et sept ans plus tard elles n'étaient pas entièrement corrompues. On le sait, pour conserver indéfiniment la viande, il suffit de la maintenir constamment sous une couche de glace. C'est ainsi que, dans nos ménages, nous conservons la viande, le poisson, le gibier, etc., aussi longtemps que le besoin l'exige. Rien d'étonnant que le cadavre de l'éléphant dont nous parlons ait pu se conserver des siècles au milieu des glaces.

CHAPITRE V.

CHAIRS CONSERVÉES DANS LES GLACES PENDANT DIX MILLE ANS!

Voici un fait très-curieux qui nous est rapporté par notre auteur et avant lui par Isbrand Ides. Laissons la parole à ce dernier :

« C'est dans les montagnes qui sont au nord-est de cette rivière (le Kata) qu'on trouve les dents et les os de mammouth; on en trouve aussi sur les rivages du fleuve Ienizea, des rivières de Trugau, Mungazea, Léna, aux environs de la ville d'Iakutskoi, et jusqu'à la mer Glaciale. Toutes ces rivières passent au travers des montagnes dont nous venons de parler, et, dans le temps du dégel, elles ont des cours de glaces si impétueux qu'elles arrachent des montagnes et roulent avec leurs eaux des masses de terre d'une grandeur prodigieuse.

« L'inondation finie, ces masses de terre restent sur leurs bords, et, la sécheresse les faisant fondre, on trouve, au milieu, des dents de mammouth, et quelquefois des mammouths tout entiers. Un voyageur qui venait à la Chine avec moi, et qui allait tous les ans à la recherche des dents de mammouth, m'assura avoir trouvé une fois, dans une pièce de terre gelée, la tête entière d'un de ces animaux dont la chair était corrompue; que les dents sortaient du museau comme celles des éléphants, et que ses compagnons et lui eurent beaucoup de peine à les arracher, aussi bien que quelques os de la tête, et, entre autres, celui du cou, lequel était encore comme teint de sang; qu'enfin, ayant cherché plus avant dans la même pièce de terre, il y trouva un pied gelé d'une grosseur monstrueuse qu'il porta à la ville de Tragan. Ce pied avait, à ce que le voyageur m'a dit, autant de circonférence qu'un gros homme au milieu du corps.

« Les gens du pays ont diverses opinions au sujet de ces animaux. Les idolâtres, comme les Jakoutes, les Tongouses et les Astiakes, disent que les mammouths se tiennent dans des souterrains fort spacieux, d'où ils ne sortent jamais; qu'ils peuvent aller çà et là dans ces souterrains, mais que, dès qu'ils ont passé dans un lieu, le dessus de la caverne s'élève et ensuite s'abîme, formant en cet endroit un précipice profond; ils sont aussi persuadés qu'un mammouth meurt aussitôt qu'il voit la lumière, et soutiennent que c'est ainsi que périssent ceux qu'on trouve morts sur les rivages des rivières voisines de leurs souterrains, où ces animaux s'avancent inconsidérément.

« Les vieux Russes de Sibérie croient que les mammouths ne sont autre chose que des éléphants, quoique les dents que l'on trouve soient un peu plus recourbées et plus serrées dans la mâchoire que celles de ces derniers animaux. Avant le déluge, disent-ils, le pays était fort chaud, et il y avait quantité d'éléphants, lesquels flottèrent sur les eaux jusqu'à l'écoulement et s'enterrèrent ensuite dans le limon. Le climat étant devenu très-froid après cette grande catastrophe, le limon gela et avec lui les corps d'éléphants, lesquels se conservent dans la terre sans corruption jusqu'à ce que le dégel les découvre. »

C'est en 1692 qu'Isbrand Ides allait en Chine. Il eut le bonheur de voyager avec un grand naturaliste qui lui fit part de quelques-unes de ses découvertes.

Le naturaliste lui dit qu'il venait de trouver dans une pièce de terre gelée une tête, ayant appartenu à un de ces grands animaux primitifs, entièrement couverte de chair corrompue, et un pied d'une grosseur monstrueuse.

« Ce pied avait autant de circonférence qu'un gros homme au milieu du corps. »

Chose étrange, cette tête et cette jambe, retirées des glaces, et couvertes de chairs, avaient appartenu à un animal dont l'espèce a disparu de notre globe depuis plus de dix mille ans !

Nous l'avons dit plus haut, pour conserver la viande de boucherie, il suffit de la soumettre à une température de zéro degré et au-dessous ou de la maintenir sous une couche de glace.

La tête et la jambe, dont parle Isbrand Ides, ont dû être préservées de la corruption tout le temps qu'elles sont restées cachées sous la glace, d'où elles sont sorties sans aucune altération. Un dégel étant survenu, elles se sont putréfiées. Portées par une force quelconque dans un champ voisin, la putréfaction s'est ralentie et définitivement arrêtée, sous l'influence d'une nouvelle gelée, jusqu'au moment où elles ont été découvertes. Peut-être aussi avaient-elles eu le temps de se corrompre dans l'intervalle qui a pu s'écouler depuis la mort de l'animal jusqu'au moment où elles ont été ensevelies dans les glaces.

Le pied qui accompagnait cette tête était d'une grosseur monstrueuse. L'éléphant auquel il avait appartenu devait avoir près de 15 mètres de longueur et de 5 de hauteur. Cet animal ne pouvait se plaire que dans un pays excessivement chaud. Sa race s'est effacée du reste de la création depuis le moment où la terre s'est refroidie, nos contrées les plus chaudes le laisseraient mourir de froid.

« Les gens du pays ont diverses opinions au sujet du mammouth. Les idolâtres disent qu'il vit dans la terre comme une taupe, que le terrain cède sur son passage et qu'il s'abîme derrière lui, et qu'il meurt aussitôt qu'il voit la lumière. »

Il n'est guère possible d'avoir des idées plus fausses au sujet de cet animal. S'il vit dans des souterrains, ces demeures ténébreuses doivent être larges et profondes, afin qu'il y soit commodément. Dans tous les cas, les ouvriers qui ont creusé ces immenses excavations ont eu soin de se cacher et de ne point violer le secret qui leur était confié, car nous ignorons encore le lieu où elles reposent. Si elles se trouvent creusées sans le secours de l'homme, dame Nature s'est montrée joliment capricieuse pour créer des merveilles et nous les cacher. Si les terres s'ouvrent pour livrer passage à cette bête et qu'elles s'abîment pour former un immense précipice après elle, nous comprenons que les idolâtres la placent au nombre de leurs dieux, car elle en vaut la peine.

D'après ces braves gens, un mammouth peut vivre de longues années, mais il meurt s'il a le malheur de mettre le nez à la lumière. Il faut avouer que cet animal n'a pas de chance, et qu'en raison de sa taille, il méritait d'être mieux traité.

L'empire de la terre lui appartient, puisque les routes s'ouvrent sous l'empreinte de ses pieds. Pourquoi donc se laisserait-il foudroyer par la lumière, lui qui se croit le dieu des choses qui n'ont point la vie ?

Le sol parisien et tout le bassin de la Seine

formaient autrefois un immense golfe qui contenait de l'eau salée. Dans ce golfe venaient déboucher plusieurs grands fleuves qui y amenaient chacun leurs produits. Le premier donait le bassin du sable blanc de Rilly et de tout le département de la Marne ; le deuxième y apportait le sable de Soissons, si riche en fossiles ; le troisième y déposait l'argile de Meudon qui sert à fabriquer de la faïence et diverses poteries communes.

Ces produits, joints à ceux qui appartenaient à la mer, nous donnent la pierre à bâtir des environs de Paris, la pierre meulière de Saint-Ouen, et la pierre à plâtre de Montmartre et de Pantin.

«Plus tard, nous dit Langlebert, et probablement à l'époque du soulèvement de la Corse et de la Sardaigne, ce golfe se dessécha et devint le séjour d'une multitude d'animaux terrestres qu'une inondation nouvelle vint détruire et ensevelir dans les couches de sable et de gypse. C'est alors que se déposèrent les sables, les grès et les pierres meulières. » Les bêtes sauvages, une grande partie des oiseaux et tous les végétaux qui se trouvaient dans cette contrée furent enfouis dans les sables et devinrent pierre comme eux. Il n'est donc pas étonnant de retrouver aujourd'hui les restes de ces animaux et de ces végétaux dans les pierres meulières de Meudon, de Saint-Ouen et du Mont-

Valérien. Pas un bloc de pierre arraché aux carrières de Montmartre et de Pantin qui ne nous offre un brin d'herbe, une feuille d'arbre, une aile d'oiseau, ou une arête de poisson, quelquefois même un arbuste, ou un animal tout entier. Les éclats de pierres abandonnés qui roulent sous le fort de Romainville offrent aux passants un curieux modèle de ces anciens animaux. Le squelette d'une baleine trouvé, il y a quelques années, dans la cave d'un marchand de vins de la rue Dauphine, à Paris, prouve suffisamment que les eaux de la mer ont couvert le sol parisien. Cette baleine, étant venue se promener dans le golfe, se sera trouvée surprise par le retrait des eaux et n'aura pu échapper à la mort. Ainsi ont péri une multitude d'autres poissons.

Le golfe se dessécha une seconde fois, se couvrit encore de plantes de toute espèce, et devint le rendez-vous de l'ours, du lion, du loup, du renard et d'un grand nombre d'autres animaux. Vinrent enfin les eaux du déluge qui le comblèrent d'une couche de graviers semblable à celle que l'on rencontre sur presque toute la surface de la terre.

CHAPITRE VI.

CRITIQUE DES SAVANTS.

Nous arrivons maintenant à la critique des savants. Elle découle d'un fait assez amusant qui nous est encore raconté par le même auteur.

« Le 11 janvier 1613, dit-il, les ouvriers d'une sablonnière située près du château de Chaumont, en Dauphiné, sur la rive gauche du Rhône, trouvèrent des ossements, dont plusieurs furent brisés par eux. Ces os appartenaient à un grand mammifère fossile; mais l'existence de ce genre d'êtres était alors complètement méconnue. Informé de la trouvaille, un chirurgien du pays, nommé Mazuyer, s'empara de ces os, dont il sut tirer, comme on va le voir, un excellent parti. Il s'annonça comme ayant découvert lui-même ces débris dans un tombeau bâti en briques, long de trente pieds sur quinze de large, et sur lequel était cette inscription : *Teutobocchus Rex.* Il ajoutait avoir trouvé dans le même tombeau une cinquantaine de médailles à l'effigie de Marius. Nos lecteurs savent que Teutobocchus était un roi barbare qui envahit la Gaule à la tête des Cimbres, et fut arrêté et vaincu près d'Aix, en Provence, par Marius, qui l'emmena à Rome

3

pour orner son cortège triomphal. Dans la notice qu'il publia pour accréditer ce conte, Mazuyer rappelait que, d'après le témoignage des auteurs romains, la tête du roi teuton dépassait tous les trophées que l'on arborait sur les lances dans les triomphes. Le squelette qu'il exhibait avait, en effet, vingt-cinq pieds de long sur dix de large.

« Mazuyer fit voyager par toutes les villes de France et d'Allemagne le squelette du prétendu Teutobocchus, qu'il montrait à beaux deniers comptants. Il produisit sa relique devant Louis XIII, qui prit le plus grand intérêt à contempler cette merveille.

« Le squelette se trouvait, dit-on, à Bordeaux en 1832; il fut envoyé à cette époque au Muséum d'histoire naturelle de Paris, où M. de Blainville déclara qu'il appartenait à un mastodonte.

« Ainsi, le roi Teutobocchus, déterré sur les bords du Rhône, n'était qu'un mastodonte. »

N'est-il pas honteux qu'en plein dix-neuvième siècle, on confonde encore le nez d'un homme avec la trompe d'un éléphant? Nous voulons bien faire la part des choses et admettre que les os du mastodonte ont beaucoup de ressemblance avec ceux de l'homme, mais on n'a jamais vu ce dernier, à aucune époque, muni de deux dents de chacune un mètre de longueur. La bouche du squelette était si grande qu'elle aurait pu livrer passage à un Prussien à cheval. Les quatre membres, étant presque à angles droits avec l'épine dorsale, devaient être ceux d'un quadrupède; car ceux de l'homme ont une direction différente : abandonnés à eux-mêmes, les bras sont parallèles au corps et les jambes étendues forment une ligne droite avec ce dernier. Les savants de tous les âges et de tous les pays, réunis et stupéfiés devant cet amas d'os, n'osaient se prononcer. M. de Blainville, à la démarche lente, mais solide, se présenta. Il mit ses lunettes sur ses yeux, remit gravement son chapeau à son domestique et avec son nez pointu il fit quatre fois le tour du squelette, et, après l'avoir examiné pièce à pièce, il fut assez hardi pour déclarer que ce squelette n'était point celui d'un homme, mais celui d'un mastodonte.

Etait-ce bien la peine de passer dix ans, quinze ans, vingt ans, à l'école d'un grand maître, comme l'ont fait nos savants, pour dire que les os d'un éléphant étaient ceux d'un homme?

Teutobocchus était un roi barbare qui envahit la Gaule à la tête des Cimbres. Il retarda considérablement la marche des Romains à travers ce pays, il faillit même les exterminer. Au dire des historiens, il était si grand qu'il pouvait franchir quatre et même six chevaux mis de front. Mais il ne fut pas enterré sur les bords du Rhône, comme a voulu le dire le chirurgien Mazuyer. Nos savants auraient dû le savoir et se défier de la cupidité d'un homme. Il fut battu et fait prisonnier par Marius, à Aix, en Provence (102 avant Jésus-Christ). Le général romain l'emmena à Rome pour orner son triomphe. Sa tête dépassait tous les trophées placés au-dessus des lances. Le combat qu'il livra à Marius fut terrible. Il resta, dit-on, cent mille barbares sur le champ de bataille. Ceux qui échappèrent à la mort traversèrent les Alpes et allèrent se réunir aux Teutons dans la plaine de Verceil, où ils furent anéantis par Marius, l'année suivante (101 avant Jésus-Christ).

Leurs femmes défendirent courageusement leur camp, mais, voyant que tout était perdu et ne voulant pas tomber entre les mains de leurs ennemis, elles se pendirent après avoir fait écraser leurs enfants sous les roues des chariots.

Continuons notre récit. Voilà les naturalistes réunis autour d'un squelette; et c'est en 1832 qu'ils osent déclarer qu'une rivière n'est pas la mer, qu'une montagne n'est pas une cerise, et qu'un éléphant n'est pas un homme ! Faut-il s'étonner maintenant s'ils nous donnent un singe pour grand-père ? Mille fois non. Il y a beaucoup plus de ressemblance entre l'homme et le singe qu'entre l'homme et l'éléphant. Et cependant quoi qu'on en dise, l'un n'est pas le père de l'autre, et même nous croyons pouvoir dire avec assurance qu'il n'y a aucun lien de parenté entre ces deux êtres.

Ils vont plus loin, ces savants; ils nous donnent une chauve-souris pour mère. Et voici sur quoi ils s'appuient pour démontrer ce théorème.

La femme et la chauve-souris, disent-ils, sont unies par un degré de parenté très-étroit; elles sont sœurs, ou plutôt l'une est la mère de l'autre. La femme n'a qu'un enfant, la chauve-souris n'a qu'un petit; la femme a deux mamelles, la chauve-souris en a deux aussi; la femme porte son enfant dans les plis de son tablier, la chauve-souris porte son petit dans les plis de ses ailes. Est-il possible d'établir un lien de parenté avec de semblables utopies entre deux êtres si différents par la taille et par les formes du corps?

Allons, messieurs, travaillez encore un peu les sciences naturelles, et vous ne tarderez pas à reconnaître que l'erreur dans laquelle vous tombez au sujet du singe et de la chauve-souris, n'est pas moins grande que celle dans laquelle vous étiez tombés au sujet de l'homme et de l'éléphant.

La salamandre aussi voulait faire partie de la race humaine. Elle se présentait sous son plus bel aspect, avec son large front et une longue pile de vertèbres. Les hommes qui ont eu le bonheur de la voir sous ce beau jour dans les carrières de la Suisse, l'ont reconnue pour leur mère. Ils ont fait remonter son origine jusqu'à Eve; et cette maudite créature, ayant péri avec la race humaine, sous les eaux du déluge, s'est réfugiée dans une pierre. Trouvée en 1725, elle a fait croire au monde entier qu'elle était la charpente d'un vieux damné. C'est seulement en 1787 que Camper osa dire que ce fossile était celui d'un reptile.

Ainsi, plus de doute, nous connaissons notre origine. D'après ces savants, nous descendons d'un éléphant, d'un singe, d'une chauve-souris et d'une salamandre. Quelle noble famille! Il n'y manque réellement plus qu'une huître.

Les érudits du dix-neuvième siècle ne se tinrent pas pour battus devant les faits que nous venons de citer. Ils voulurent encore lever la tête, et, du haut de leur trône d'ignorance, ils dirent que les ossements trouvés sur les bords du Rhône et en Allemagne provenaient des éléphants qu'Annibal avait amenés avec lui, dans son expédition d'Afrique, en Italie.

C'est Cuvier qui devait rire en entendant un pareil langage. Aussi, il prit la peine de les réfuter en leur montrant des quantités énormes d'ossements, non-seulement sur les bords du Rhône, mais encore en Espagne, en Italie, en Russie et particulièrement au fond de la Sibérie.

C'est surtout dans les glaces du Nord que l'on trouve des quantités considérables d'ossements provenant de toutes sortes d'animaux. Laissons parler Louis Figuier à ce sujet :

« La Nouvelle-Sibérie et l'île de Lachou, dit-il, ne sont, pour la plus grande partie, qu'une agglomération de sable, de glace et de dents d'éléphants. A chaque tempête, la mer jette sur la plage de nouvelles quantités de défenses de mammouths.

« Les habitants de la Sibérie font un fructueux commerce de cet ivoire fossile. Tous les ans, on voit, pendant l'été, d'innombrables barques de pêcheurs se diriger vers les îles à ossements, et pendant l'hiver, d'immenses caravanes prendre la même route, dans des traîneaux attelés de chiens. Tous ces convois reviennent chargés de défenses de mammouths, pesant chacune de 150 à 400 livres.

« Les îles à ossements du nord de la Russie sont exploitées depuis plus de cinq cents ans pour l'importation de l'ivoire en Chine et depuis plus de cent ans pour l'importation en Europe. On ne voit pas néanmoins que le rendement de ces mines étranges ait jamais diminué. Quel nombre de générations accumulées ne suppose pas une telle profusion de défenses et d'ossements ! »

Pour nous, nous ne craignons pas de dire que ces malins de la science ne savaient pas le premier mot de l'histoire et qu'ils ignoraient complètement les premières notions de cette science qu'on appelle la géologie.

En effet, Annibal, après avoir brûlé Sagonte, franchit les Pyrénées et alla aboutir, sur le Rhône, au point où se trouvent aujourd'hui Bourg-Saint-Andéol, sur la rive droite, et Pierrelatte, sur la rive gauche, 120 kilomètres plus haut que Tarascon, où Publius, consul romain, l'attendait au passage. De Pierrelatte, il passa par Saint-Genix d'Aoste, Novalaire, le col de l'Epine, Chambéry, le mont Cenis et alla déboucher en Italie, à Suse. Comme on le voit, Annibal ne pensait guère à passer par l'Allemagne pour se rendre en Italie et ne pouvait y laisser les os de ses éléphants.

Mais combien le Carthaginois avait-il d'éléphants dans son expédition d'Afrique en Italie ? Polybe nous dit qu'il en avait trente-sept. Cet historien avait tout intérêt à en grossir le nombre ; car, au moment de cette guerre désastreuse pour l'Italie, il écrivait lui-même l'histoire de cette même guerre sous les tentes du consul romain, auquel il était peut-être vendu. Encore ses trente-sept éléphants ne trouvèrent pas tous la mort sur les bords du Rhône et ceux qui y périrent n'étaient pas assez nombreux pour faire de l'Europe entière un cimetière d'éléphants.

Pour passer le fleuve, nous disent Polybe

et Jacques Maissiat, on fit avancer ces animaux sur de grands radeaux. Arrivés au milieu, quelques-uns d'entre eux, effrayés par l'eau dont ils se virent entourés, tombèrent dans la rivière. Mais leur chute ne fut funeste qu'à leurs conducteurs. Pour eux, ils respirèrent en levant leurs trompes hors de l'eau, nagèrent avec force et arrivèrent droit au bord. Peut-être en périt-il quelques-uns dans les précipices du col de l'Epine, dans le combat terrible qu'Annibal fut obligé de soutenir contre les Allobroges. Mais ce qu'il y a de certain, c'est qu'arrivé de l'autre côté du mont Cenis, en descendant du côté de l'Italie, Annibal rencontra un rocher énorme dans lequel il fut obligé de se creuser un chemin au moyen du feu et du vinaigre, comme le dit Tite-Live, « pour faire passer ses éléphants. » Ce qui nous porte à croire que si le général carthaginois perdit des éléphants sur les bords du Rhône, le nombre devait en être bien petit.

La croûte de la terre était encore peu épaisse et laissait facilement échapper des quantités considérables de chaleur de cet immense brasier que l'on suppose au centre de la terre. Une température très-élevée se répandit sur toute la surface du globe. Les animaux qui se plaisaient dans cette atmosphère brûlante, tels que l'éléphant, le rhinocéros et une foule d'autres espèces, arrivèrent en grand nombre.

Mais pendant qu'ils étaient répandus par milliers dans ces vastes prairies qui devaient s'étendre d'un pôle à l'autre, ils furent subitement recouverts d'une couche de neige et de glace, et trouvèrent tous la mort au sein même de leurs pâturages. Leurs cadavres furent recouverts par les terres descendues des montagnes ou balayées par les eaux. Ce sont les os de ces animaux que nous retrouvons aujourd'hui enfouis dans les profondeurs de la terre et auxquels nous donnons le nom de fossiles. Ces débris nous apprennent que la France était peuplée de bœufs, de chevaux et d'éléphants. Le bœuf, qui était de la grosseur du bison, peuplait principalement l'Auvergne, l'éléphant et le cheval étaient répandus dans toute la France, ce dernier était de la grosseur de l'âne actuel. Il peuplait toute la surface de la terre ; et, chose étonnante, lorsque les Espagnols firent la découverte de l'Amérique, ils n'y trouvèrent pas un seul de ces animaux, tous avaient péri. La cause de leur destruction est complètement ignorée.

CHAPITRE VII.

LE FEU CENTRAL EST-IL DOUTEUX?

L'hypothèse du feu central est très-ancienne ; elle a été développée par Buffon, Littré et par une foule d'autres savants. Leur théorie, qui est aussi la nôtre, repose sur trois choses principales qui sont : 1° les sources d'eaux thermales ; 2° les volcans ; 3° l'augmentation de température constatée dans les puits que l'on creuse pour l'exploitation de mines.

1° Les eaux thermales sont portées à un très-haut degré de température, quelquefois même à 100 degrés. Mais les bassins dans lesquels elles sont chauffées se trouvent-ils dans l'épaisseur de la croûte terrestre, ou bien forment-ils eux-mêmes ces vastes cuves qui avoisinent le feu central ? Il serait bien difficile de répondre d'une manière positive à cette question. Cependant, une source peu abondante peut donner de l'eau à 100 degrés, si elle passe sur un de ces nombreux foyers qui se trouvent situés un peu au-dessous du sol. Les mers souterraines, au contraire, ne pourraient pas être chauffées par ces petits foyers ; pour donner de l'eau bouillante, elles devraient être voisines d'un immense brasier, peut-être même du feu central.

L'expérience de chaque jour nous apprend que pour faire chauffer de l'eau on est obligé d'employer une certaine quantité de combustible ; et que le volume de ce dernier doit être en rapport avec la quantité de liquide que l'on veut faire chauffer. Or, nous remarquons que les eaux de certains ruisseaux n'ont qu'une température de trente ou quarante degrés, tandis que celles d'un cours d'eau très-abondant sont portées à 100 degrés. Le contraire devrait avoir lieu si les deux cours d'eau passaient sur le même foyer ou sur des foyers égaux. Car deux quantités inégales de liquide présentées à la même source de chaleur s'échaufferont moins vite l'une que l'autre. Il est évident que la petite quantité de liquide, enveloppée de toutes parts par la chaleur, entrera plus tôt en ébullition que la grande quantité qui ne sera enveloppée qu'en partie. Si les eaux du petit ruisseau, dont nous parlons, sont moins chaudes que celles du grand, nous ne devons point nous en étonner. Cette différence de température tient à l'une des deux causes suivantes : ou les foyers sont inégaux, ou bien le parcours du petit ruisseau, dans la terre, est deux ou trois fois plus long que celui de l'autre, ce qui permettrait à ses eaux de se refroidir considérablement.

Quoi qu'il en soit, toutes les eaux qui sortent de la terre, avec un degré plus ou moins élevé de température, ont dû rencontrer du feu sur leur passage.

Les geysers d'Islande sont des colonnes d'eau bouillante qui ont six mètres de diamètre et qui s'élèvent à une hauteur de cinquante mètres. Cette quantité énorme de liquide maintenue à la même température, et coulant depuis des siècles, passe nécessairement sur une fournaise ardente, qui ne peut avoir son siège que dans les profondeurs de la terre.

Il existe aussi deux courants d'eau chaude qui partent du milieu de l'Océan et qui viennent réchauffer notre continent. L'un débouche au nord et l'autre au midi. Il serait difficile d'évaluer d'une manière précise la largeur et la profondeur de ces deux fleuves. La quantité d'eau bouillante qu'ils vomissent doit être énorme pour qu'ils réchauffent d'abord les mers, puis ensuite les terres. Qu'il serait effrayant, mais curieux, le passage qui conduit au gigantesque brasier qui les fait bouillir! Qu'elles sont éloquentes ces mystérieuses demeures qu'il n'a jamais été permis à l'homme de visiter! Si les naturalistes, qui courent après une fourmi, un grain de sable ou une arête de poisson, pouvaient pénétrer dans ces sombres demeures, ils seraient d'abord saisis d'une sublime horreur, mais ils reviendraient chargés de trésors et enrichiraient la science de ce que la nature a de plus précieux.

2° Les volcans sont aussi une preuve évidente de l'existence du feu central.

En effet, que signifie ce bruit que l'on entend au fond de la montagne, bruit semblable à celui d'un feu d'artillerie bien nourri? D'où sortent ces fleuves de lave qui s'échappent du cratère, qui s'élancent avec fureur dans les airs, qui retombent avec fracas sur les flancs de la montagne et qui portent au loin la destruction et la mort? Que veut dire ce bruit souterrain qui se fait entendre en dévorant l'espace? Ah! ne nous y trompons pas; ces bruits sont causés par des montagnes de lave qui s'élancent du centre du globe, qui viennent frapper avec impétuosité la surface interne de la croûte terrestre, et qui lui impriment ces ondulations multiples auxquelles nous donnons le nom de tremblements de terre.

Pour que la terre tremble, il faut deux conditions principales : 1° la masse de lave doit être énorme ; 2° la vitesse étant proportionnelle aux distances, la masse lavique doit partir du centre du globe afin d'acquérir plus de vitesse et de force. Pour que cet étrange phénomène ait lieu, nous croyons qu'il faudrait une agglomération de matières fondues au moins aussi grosse qu'une montagne, et qu'elle prît son élan du centre du globe. Cette masse de liquide, lancée sur un rayon de mille cinq cents lieues, acquerrait une vitesse toujours croissante et imprimerait à la croûte terrestre une si violente secousse qu'elle renverserait les édifices qui se trouveraient à sa surface. Au contraire, si la vague brûlante se trouvait limitée dans une de ces excavations dont l'épaisseur de la croûte est parsemée, elle n'aurait que quelques mètres à parcourir, et le choc qu'elle imprimerait aux parois de son réservoir serait considéré comme nul. D'où nous pouvons conclure qu'un tremblement de terre nécessite une masse considérable de matières en fusion, et un très-long parcours sur lequel cette masse doit rouler. Le foyer qui réunit ces conditions a certainement son siège au centre du globe et ses parois ne peuvent être formées que par la croûte terrestre.

3° Il existe sur toute la surface du globe terrestre une couche de terrain où la température se trouve constante, elle est de 11°. Cette couche peut varier de profondeur, suivant les localités. A Paris, elle se trouve située à 25 mètres au-dessous du sol. C'est à ce point que la chaleur du soleil et celle de la terre viennent se rencontrer et se détruire. A partir de ce niveau, la température augmente d'un degré tous les 33 mètres à mesure que l'on s'enfonce dans l'intérieur de la terre. A dix kilomètres et demi on trouve déjà une température de 100°, température égale à celle de l'eau bouillante ; à 20 kilomètres on obtient 606°, et à 60 kilomètres, 1818° ! Mais l'argent fond à 1023°, le fer doux à 1300° et le granit à une température un peu plus faible.

Nous voilà à peine arrivés à 60 kilomètres de profondeur, et déjà nous trouvons l'argent, le fer et tous les rochers les plus durs en fusion.

Si la température continue sa progression croissante, elle doit être portée à un très-haut degré au centre de la terre. Pour déterminer ce degré, nous emploierons quelques formules géométriques.

Représentons par *cir.* la circonférence du globe terrestre et par *R* son rayon. Donnons à la lettre grecque π une valeur constante de 3,1416, à *cir.* une longueur de 40,000,000 de mètres et nous obtiendrons la formule suivante : $R = \frac{cir}{2\pi} = \frac{40000000}{2 \times 3,1416} = 1,500$ lieues environ pour la longueur du rayon terrestre.

A 1,500 lieues de profondeur, ou au centre de la terre, nous trouvons 182,000 degrés de chaleur !

A cette température, de laquelle il n'est pas possible de se faire une idée, et auprès de laquelle nos fournaises les plus ardentes ne seraient que glace, les corps les plus durs, tels que les minéraux et les métaux, ne peuvent exister qu'à l'état de vapeur. Laissons parler Louis Figuier à ce sujet.

« On n'aura aucune peine, dit-il, à admettre que, par une chaleur si excessive, toutes les matières qui entrent aujourd'hui dans la composition de notre globe fussent réduites, à l'origine, à l'état de gaz ou de vapeur. Il faut donc se représenter notre planète primitive comme un agrégat de fluides aériformes, comme une matière gazeuse. Et si l'on réfléchit que les substances portées à l'état de gaz ou de vapeur occupent un volume dix-huit cents fois plus grand qu'à l'état solide, on en conclura que cette masse gazeuse devait être d'un volume énorme : elle était aussi grosse que le soleil, lequel est quatorze cent mille fois plus gros que la terre. »

Lorsqu'on a pu établir l'existence du feu central, le doute n'est plus possible au sujet de la vaporisation des corps. L'eau qui bout dans une marmite nous en offre un exemple bien frappant. Pour s'en rendre compte, il suffit de faire chauffer graduellement ce liquide. On voit d'abord une légère vapeur qui s'en dégage, mais qui devient de plus en plus compacte à mesure que l'on active le foyer, et si cette eau est maintenue à l'état d'ébullition, elle diminue peu à peu et finit par s'évaporer complètement. C'est ainsi qu'on pourrait réduire en vapeur tous les liquides, les minéraux et les métaux. Mais si les corps, en passant de l'état solide à l'état gazeux, acquièrent un volume dix-huit cents fois plus grand, la terre devait avoir un volume énorme lorsqu'elle était à l'état gazeux. Pour calculer ce volume nous emploierons la formule de la sphère, qui est celle-ci : $Sp = 4\pi R^2 \times \frac{R}{3}$ qui, transformée en sa valeur numérique, donne $4 \times 3{,}1416 \times (1{,}500)^2 \times \frac{1500}{3} =$ 184,488,071,809,350,000,000 m. cubes, volume actuel de la terre. Son volume à l'état gazeux était 1800 fois plus fort, ou 184,488,071,809,350,000,000 m.c. $\times$ 1800=332,478,529,257,830,000,000,000 mètres cubes de vapeur. Le volume du soleil serait exprimé par une tranche de trois chiffres de plus au produit, bien que les chiffres obtenus ne fussent pas les mêmes.

CHAPITRE VIII.

LA TERRE A L'ÉTAT GAZEUX.

« Portée à une température excessive, continue notre auteur, la masse gazeuse qui constituait alors la terre brillait dans l'espace comme brille aujourd'hui le soleil à nos yeux, comme brillent, dans la sérénité des nuits, les étoiles fixes et les planètes. »

Nous l'avons dit, paragraphe II, il existait autrefois une immense nébuleuse qui était située dans les régions supérieures, mais bien au delà des étoiles les plus éloignées de nous. Elle fut d'abord soumise à un mouvement de rotation très-lent, mais qui s'accéléra considérablement plus tard. Ce mouvement devint si rapide qu'il se forma autour de la nébuleuse un grand nombre d'anneaux qui se brisèrent et qui formèrent autant d'autres astres.

Des masses énormes de vapeurs détachées des planètes voisines vinrent se réunir autour d'un de ces anneaux et constituèrent la terre. Cette masse gazeuse s'enflamma en parcourant un long orbite. Elle brillait dans l'espace comme brille un flambeau ardent pendant la nuit, comme brille le soleil pendant le jour ; sa lumière était si vive qu'elle éclairait les habitants des planètes éteintes.

Qu'il serait effrayant, cet astre, s'il apparaissait subitement au milieu de la nuit avec tout l'éclat de sa lumière ! C'est alors que les savants quitteraient le moucheron qu'ils tiennent captif, ou l'araignée qu'ils contemplent pour tourner leurs regards vers cet émouvant spectacle. Les arbres et les toits des maisons seraient chargés de curieux. Mais qui pourrait supporter la lumière éblouissante envoyée par ce nouveau soleil, et la chaleur dégagée par ce foyer qui aurait pour combustible la terre tout entière !

« Circulant autour du soleil selon les lois de la gravitation universelle, cette masse gazeuse incandescente était nécessairement soumise aux lois qui régissent les autres substances matérielles.

« Elle se refroidissait, elle cédait graduellement une partie de sa chaleur aux régions de l'espace au milieu desquelles elle traçait le sillon de sa flamboyante orbite. Par suite de ce refroidissement continuel, et au bout d'un temps dont il serait impossible d'évaluer, même approximativement, la durée, l'astre primitivement gazeux arriva à l'état liquide : il diminua alors considérablement de volume.

« La mécanique nous enseigne qu'une masse liquide entretenue à l'état de rotation prend la forme sphérique : c'est ainsi que la terre prit la forme sphéroïdale qui lui est propre comme à la plupart des corps célestes. »

La température des régions planétaires est excessivement basse (pas moins de 100° au-dessous de zéro). En circulant dans ces zones glacées, la masse gazeuse perdait graduellement de sa chaleur, et par suite de sa lumière. Elle dévorait l'espace en éclairant les plaines de l'immensité. Et ce foyer ardent, réchauffé par cet autre foyer, qui est le soleil, épuisant constamment les matériaux qui lui servaient de combustibles, ne put maintenir la chaleur qui l'animait. Peu à peu sa température s'abaissa, et ses matériaux usés, consumés, ne pouvant plus flotter suspendus dans cette atmosphère brûlante, passèrent à l'état liquide, en attendant une nouvelle transformation.

C'est alors qu'il se produisit un bouillonnement qui pouvait être entendu de la lune, et des vagues de feu qui allaient tendre la main aux habitants de Jupiter.

Quant à la mère terrible, cette mère furieuse, destinée à nourrir des millions d'hommes et d'animaux, jusqu'à quand repoussera-t-elle de son sein ces êtres si désireux de vivre? Quand viendra ce jour où son haleine, adoucie, les fera jaillir de terre comme jaillit l'eau d'un rocher ?

Sa réponse est positive : ses flots de feu, dans leur immense parcours, annoncent à l'univers entier que son état liquide doit aussi durer des milliers de siècles.

« A la suite du refroidissement partiel de la masse terrestre, toutes les substances gazeuses qui la composaient ne passèrent pas sans exception à l'état liquide ; quelques-unes demeurèrent à l'état de gaz ou de vapeurs et formèrent autour du sphéroïde terrestre une couche ou atmosphère. Mais on se ferait une idée bien inexacte de cette atmosphère si on la comparait à celle de nos jours. Son étendue devait être immense ; elle atteignait sans doute jusqu'à la lune.

« Elle contenait, en effet, à l'état de gaz ou de vapeur, la masse énorme des eaux qui forment nos mers actuelles, réunies à toutes les matières qui conservaient l'état gazeux à la température que présentait alors la terre incandescente. Nous n'exagérons rien en disant que cette température était de 2000°. L'atmosphère participait à cette température, et, par suite de cette chaleur excessive, la pression qu'elle exerçait sur le globe était infiniment plus considérable que celle qu'elle exerce aujourd'hui. Aux gaz qui composent l'air atmosphérique actuel (azote, oxygène et acide carbonique), à des masses énormes de vapeur d'eau, venaient s'ajouter d'immenses quantités de matières minérales, métalliques ou terreuses, réduites à l'état de gaz et maintenues à cet état par l'effroyable température de cette gigantesque fournaise. Les métaux, les chlorures métalliques, alcalins et terreux, le soufre, les sulfures, et même les terres à base de silice, d'alumine et de chaux, tout cela devait exister à l'état de vapeurs dans l'atmosphère du globe primitif.

« Il est à croire que les différentes substances qui composaient cette atmosphère s'étaient rangées autour de la terre dans l'ordre de leur densité. La première couche, la plus voisine du globe, était formée des vapeurs les plus pesantes, comme celles des métaux, du fer, du cuivre, du platine, mêlées sans doute à des nuages de fine poussière métallique, provenant de la condensation partielle de la vapeur de ces métaux. Cette première zone, la plus lourde, la plus épaisse, était d'une entière opacité, quoique la surface de la terre fût encore rouge de feu. Par-dessus venaient les matières vaporisables, telles que les chlorures métalliques et les chlorures alcalins, en particulier le chlorure de sodium ou sel marin, le soufre et le phosphore, ainsi que les combinaisons volatiles de ces corps. La zone supérieure devait contenir les matières plus facilement vaporisables, telles que l'eau en vapeur, unie aux corps naturellement gazeux, comme l'azote, l'oxygène et l'acide carbonique. Ces trois couches, malgré leur différence de densité, ne devaient pas rester dans un état de repos constant ; elles devaient souvent se mêler, se déchirer et se confondre.

« Quant au globe lui-même, sans être autant agité que sa brûlante et mobile atmosphère, il n'en était pas moins en proie à de perpétuelles tempêtes, occasionnées par les mille actions chimiques qui s'accomplissaient dans sa masse liquide. D'un autre côté, l'électricité, résultant de si puissantes actions chimiques, opérées sur une étendue sans bornes, devaient provoquer d'effroyables détonations électriques. Les éclats du tonnerre ajoutaient donc à l'horreur de ces scènes primitives, dont aucun pinceau, aucune imagination humaine ne saurait en retracer le tableau. »

L'air atmosphérique se compose de trois gaz principaux qui sont : l'azote, l'oxygène et l'acide carbonique. Sa couche, qui a une épaisseur d'environ 50 kilomètres, enveloppe toute la surface du globe terrestre. Sa densité est de 1,3. La pression qu'il exerce sur un homme de taille moyenne est de 15,500 kilogrammes.

L'atmosphère primitive était beaucoup plus lourde et plus épaisse. Portée à une température de 2000°, elle tenait à l'état de vapeurs toutes les eaux qui forment nos mers actuelles, tous les métaux et presque tous les minéraux. Ces vapeurs, réunies aux gaz qui composent l'air atmosphérique actuel, formaient une couche dont il serait difficile de calculer l'épaisseur. Sans doute, elle portait ses limites jusque dans les régions planétaires. Les différents éléments dont elle se composait devaient se placer autour du globe dans l'ordre de leur densité, de la même manière que du mercure, du vin et de l'huile se superposeraient dans un verre. Le mercure, comme étant le plus dense des trois liquides, prendrait place au fond du verre, le vin formerait la deuxième couche, et enfin l'huile occuperait la partie supérieure, comme étant le moins dense de ces liquides. De même les vapeurs les plus lourdes, comme celles du fer, du cuivre, du plomb, de l'or et de l'argent, occupaient la partie la plus basse et empêchaient les rayons du soleil d'arriver jusqu'à la surface de la terre. Cette dernière était plongée dans les plus épaisses ténèbres. La deuxième représentait un amas de vapeurs provenant d'un certain nombre de minéraux, tels que les sels, le soufre et le phosphore. La troisième couche était formée de toutes les eaux réduites en vapeurs, unies aux gaz qui composent l'air atmosphérique actuel.

Ces trois couches, de densités si différentes, ne devaient pas rester dans un état de repos constant ; elles devaient souvent se mêler par les secousses du globe, comme le feraient les trois liquides, dont nous avons parlé ci-dessus, si on les agitait violemment dans le verre.

Le globe, qui constituait lui-même un océan de feu liquide, devait être bouleversé jusque dans ses fondements. Les matières en ébullition, jointes aux actions chimiques qui s'opéraient dans cette masse liquide, devaient soulever des montagnes si fortes que leur choc était capable de lui faire perdre son équilibre. La quantité énorme de fluide électrique dégagée mettait le ciel tout en feu. De là, les éclats du tonnerre sur toute la surface du globe.

CHAPITRE IX.

LA TERRE A L'ÉTAT LIQUIDE ET A L'ÉTAT SOLIDE.

La fin du monde doit-elle arriver par la famine?

« C'est ainsi que notre planète circulait dans l'espace, traînant après elle le panache enflammé de son atmosphère multiple, impropre à la vie, et encore impénétrable aux rayons du soleil, autour duquel il traçait sa courbe gigantesque.

« Les régions glaciales que traversait dans sa course uniforme le globe incandescent devaient nécessairement le refroidir. Peu à peu et d'abord superficiellement, la terre, un peu refroidie, prit une consistance pâteuse.

« Il ne faut pas oublier qu'en raison de son état liquide, la terre obéissait alors, dans toute sa masse, à cette action de flux et de reflux qui provient de l'attraction de la lune et du soleil, et qui ne peut s'exercer aujourd'hui que sur les mers, c'est-à-dire sur les parties liquides et mobiles de notre globe. Ce phénomène du flux et du reflux accéléra singulièrement le refroidissement de la terre. Elle arriva alors à cette sorte de consistance que présente le fer de nos usines lorsqu'on le retire de nos fournaises pour le porter sans le laminoir.

« Par les progrès du refroidissement, il se produisit des couches de substance concrète, qui d'abord flottèrent à la surface de la matière demi-liquide, mais qui finirent par se souder et par former des banquises plus ou moins mobiles.

« C'est par l'extension de ce dernier phénomène à la surface entière du globe que s'opéra la solidification totale de sa surface. Une croûte solide enveloppa ainsi la terre, recouvrant de toutes parts les parties encore liquides, et dont la solidification ne devait se faire que beaucoup plus tard, puisqu'elle est loin d'être terminée de nos jours.

« On évalue ordinairement l'épaisseur de la

couche solidifiée de notre globe à 12 lieues environ, ou 48 kilomètres.

« La première croûte terrestre ne pouvait résister aux vagues de cet océan de feu intérieur qu'abaissaient et que soulevaient tour à tour le flux et le reflux causés par l'attraction lunaire et planétaire. Aussi, des torrents de matières liquides mêlées de gaz soulevaient et perçaient la croûte terrestre, encore très-peu résistante. De larges crevasses l'éventraient, et par ces ouvertures béantes s'élançaient des flots de granit liquide qui venaient se solidifier au dehors. »

Les régions planétaires sont excessivement froides. En les traversant, notre globe perdait peu à peu de sa chaleur, et de l'état liquide il passa à l'état pâteux. Cette masse demi-liquide obéissait dans toutes ses parties à l'action du flux et du reflux causée par l'attraction du soleil et de la lune. Les matières bouillantes qui la constituaient, jaillissant du centre, s'élançaient à flots vers le soleil et la lune, qui les attiraient. Aujourd'hui ce mouvement ne s'opère que sur les eaux, c'est-à-dire sur les parties liquides de notre globe, les planètes n'ont aucune action sur les parties solides. Comme on peut le supposer, le phénomène du flux et du reflux hâta considérablement le refroidissement de la terre. Les matières devinrent plus fermes ; elles prirent une couleur rouge blanc et une consistance semblable à celle que prend le fer lorsqu'on le retire d'une fournaise ardente pour l'étendre sous le marteau.

Il se forma des couches de substance concrète qui flottèrent comme des îlots au milieu de cet océan de feu. Les couches, s'étendant graduellement, unirent entre eux les îlots, qui servaient en quelque sorte de poteaux, et formèrent bientôt une croûte qui s'étendit sur toute la surface de la terre.

Pour nous donner une idée de la formation de la croûte terrestre, représentons-nous la glace qui se forme à plusieurs endroits sur les eaux d'un lac. Les glaçons primitifs s'étendent dans toutes les directions, se joignent et finissent par recouvrir toute la surface liquide d'une couche de glace qui augmente d'épaisseur et de solidité avec l'intensité du froid.

Le globe terrestre est loin d'être entièrement solidifié. Sa croûte n'a en ce moment qu'une épaisseur d'environ 12 lieues, ou 48 kilomètres ! L'écorce d'une orange serait à ce fruit ce que la croûte terrestre serait au globe lui-même. La coque d'un œuf nous donnerait aussi une idée de la couche sur laquelle nous marchons.

La croûte de la terre était encore peu épaisse et ne pouvait résister à cette action du flux et du reflux causée par l'attraction du soleil et de la lune. Des fleuves de granit liquide, attirés par les astres, la soulevaient, l'abaissaient, la déchiraient, et par ces immenses crevasses ils venaient s'échapper avec fureur et se solidifier au dehors. C'est ainsi que se formèrent les premières montagnes.

« Cependant notre globe continuait à se refroidir. Un moment arriva où, par les progrès de son refroidissement, sa température ne fut plus suffisante pour maintenir à l'état de vapeurs les énormes masses d'eau qui flottaient suspendues et vaporisées dans son atmosphère. Ces vapeurs passèrent à l'état liquide, et sur le sol tombèrent alors les premières pluies. Faisons remarquer que c'étaient de véritables pluies d'eau bouillante, car l'atmosphère était portée à une température de plus de 100°.

« Les premières eaux qui vinrent tomber, à l'état liquide, sur le globe un peu refroidi, ne tardèrent pas à être de nouveau réduites en vapeurs, par l'élévation de sa température. Plus légères que le reste de l'atmosphère, ces vapeurs s'élevaient jusqu'aux limites supérieures de cette atmosphère, et là elles se refroidissaient en rayonnant vers les régions glaciales de l'espace; elles se condensaient de nouveau, et retombaient à l'état liquide sur le sol, pour s'en dégager encore à l'état de vapeur et retomber ensuite à l'état de condensation.

« Ce phénomène s'étendant peu à peu à toute la masse des vapeurs d'eau qui existaient dans l'atmosphère, des quantités d'eau couvrirent la terre. Et comme la vaporisation de tout liquide provoque un dégagement notable d'électricité, une quantité énorme de fluide électrique résultait nécessairement de la vaporisation de si puissantes masses d'eau. Les éclats du tonnerre, les fulgurantes lueurs des éclairs accompagnaient donc cette lutte extraordinaire des éléments.

« Combien de temps dura ce combat suprême de l'eau et du feu, au bruit incessant du tonnerre? Tout ce que l'on peut dire, c'est qu'un moment vint où l'eau fut triomphante. Après avoir couvert de vastes étendues à la surface de la terre, elle finit par occuper et couvrir entièrement cette surface. »

Le globe primitif était plongé dans la nuit; et les ténèbres les plus épaisses l'enveloppaient de toutes parts. Les rayons du soleil étaient trop faibles pour arriver jusqu'à sa surface. Rien au monde n'était capable d'éclairer la marche silencieuse de cette masse noire qui poursuivait sa route dans l'espace. Cependant la lumière devait se faire pour cette planète comme elle s'était faite pour tant d'autres astres. En voici, croyons-nous, la théorie.

Les premières eaux qui tombèrent sur la terre étaient des pluies d'eau bouillante, car l'atmosphère qu'elles traversaient était portée à plus de 100° et, de plus, la surface du sol était encore rouge de feu. Arrivées sur une terre de feu, les eaux furent à l'instant réduites en vapeurs. Ces dernières, excessivement légères, se dégagèrent facilement du reste de l'atmosphère et en un instant atteignirent les régions froides où elles se condensèrent et retombèrent à l'état d'eau sur la terre, d'où elles se dégagèrent une deuxième fois pour remonter de nouveau vers les zones glacées et retomber ensuite à l'état de condensation et ainsi de suite. Ce va-et-vient des eaux fut d'abord localisé, mais il ne tarda pas à s'étendre sur toute la surface du globe.

Figurez-vous toutes les eaux de la terre en mouvement, montant, descendant, bouillonnant, dégageant des tourbillons énormes de vapeurs qui allaient se perdre dans les hauteurs. Représentez-vous les cataractes du ciel ouvertes lançant une seule et unique colonne d'eau ayant pour base toute la surface de la terre et pour hauteur la voûte des cieux.

Mais tout liquide qui se vaporise dégage une quantité d'électricité qui est en rapport avec sa masse. Quelle quantité énorme de fluide électrique ne dut-il pas se dégager de toutes les eaux de la terre réduites en vapeur ! C'est alors que les éclairs mirent le globe tout en feu et que le bruit du tonnerre, mille fois répété, le faisait trembler jusque dans ses fondements.

« Mais combien de temps dura ce combat

terrible des éléments au bruit retentissant du tonnerre? » Il serait bien difficile de le dire; des milliers de siècles, peut-être. Mais ce qu'il y a de certain, c'est que les eaux finirent par éteindre le feu; elles couvrirent toute la surface de la terre, et les mers, quoique peu profondes, furent universelles.

Cependant les pluies torrentielles qu'il avait fait avaient purifié l'atmosphère, et les rayons du soleil, quoique pâles encore, vinrent éclairer les premiers mollusques qui commençaient à se traîner sur les rochers, et les eaux refroidies permirent aux animaux marins d'arriver en quantité.

La croûte de la terre était encore peu épaisse et ne pouvait résister aux vagues de feu qui venaient la soulever, la déchirer. Alors les montagnes se soulevèrent et prirent des proportions gigantesques par les débordements de granit qui venaient se solidifier au dehors. Les eaux chassées par ces hauteurs se retirèrent dans les bas-fonds où elles se creusèrent un lit de plus en plus profond auquel on donna le nom de mer. Apparurent alors les premiers végétaux comme les mousses, les fougères, puis les arbustes et les grands arbres. Une végétation luxuriante attira des animaux de toutes espèces. Mais pendant qu'ils étaient répandus par millions dans ces immenses pâturages, où les bœufs et les chevaux avaient de l'herbe jusqu'au ventre, ils périrent tous, ensevelis sous la neige et la glace. « Un vaste manteau de neige et de glace, disent Agassiz et notre auteur, recouvrit les plaines, les vallées, les mers et les plateaux. Toutes les sources tarirent et les fleuves cessèrent de couler. Au mouvement d'une création nombreuse et agissante succéda un silence de mort. Un grand nombre d'animaux périrent de froid. Les éléphants et les rhinocéros périrent par millions au sein de leurs pâturages, subitement transformés en champs de glace et de neige. C'est alors que ces deux races disparurent et furent effacées de la création. D'autres animaux succombèrent, sans pourtant que leur race pérît en entier. Le soleil, qui naguère éclairait de verdoyantes plaines, en se levant sur ces steppes glacées, ne fut salué que par le sifflement des vents du nord et l'horrible fracas des crevasses qui s'ouvraient de toutes parts, sous la chaleur de ses rayons, dans l'immense glacier qui servait de tombeau à tant d'êtres animés. »

La température, très-élevée, de la terre était partout égale et favorisait une végétation riche et puissante. Elle nourrissait dans son sein des troupeaux innombrables d'éléphants, de rhinocéros de bœufs et de chevaux. Les animaux sauvages ne furent point oubliés dans cette création. Ils vinrent par milliers prendre possession des forêts, d'où ils fondaient subitement sur les troupeaux inoffensifs qui paissaient dans la plaine. Le renard surprenait le lièvre au gîte, le loup, ne craignant point le berger, se retirait paisiblement avec un agneau sur son dos, l'ours traînait hors du troupeau le bœuf qu'il avait étranglé, et le lion dévorait sur place l'éléphant trop confiant. Mais pendant que ces animaux étaient en guerre ou qu'ils s'ébattaient joyeusement dans la plaine, ils furent subitement recouverts d'un vaste manteau de neige et de glace et périrent par millions au sein même de leurs pâturages. « Toutes les sources tarirent et les rivières cessèrent de couler. » Le froid fut horrible. Le vent du nord salua le soleil comme les glaçons du mois de mai saluent la fleur qui s'épanouit. L'atmosphère brûlante fit place à des glaciers sans fin, et la végétation, si riche et si puissante, fut détruite en un clin d'œil. Beaucoup d'animaux succombèrent, quelques races furent effacées de la création.

Comment pourrait-on expliquer ce refroidissement si subit de la nature? « Le soleil est une étoile, disent les astronomes. Or, les étoiles peuvent diminuer d'éclat; elles peuvent même disparaître totalement et reparaître quelques années plus tard avec leur éclat primitif. Le soleil, lui aussi, a pu perdre de sa lumière et de sa chaleur; il a pu disparaître entièrement et reparaître un peu plus tard. » Cet astre perd un degré de sa chaleur tous les 4,000 ans, mais cette diminution était incapable d'amener le refroidissement subit qui s'est opéré. Rien, jusqu'ici, n'a pu donner la solution de ce fameux problème.

Si le soleil continue à se refroidir, sa chaleur sera descendue à 10° dans 140,000 ans, et ne pourra plus faire mûrir les fruits. Une horrible famine s'étendra sur toute la surface de la terre et fera mourir par millions les hommes et les animaux. De toute cette magnifique création, il ne restera plus qu'une végétation mourante. Par les progrès du refroidissement, la surface du globe terrestre sera totalement recouverte de glaces éternelles dans 180,000 ans. Alors les vastes prairies, les forêts séculaires et toutes les riches productions de la nature iront prendre place à côté de la race humaine qui dormira dans la tombe depuis 40,000 ans!

Ainsi arrivera la fin du monde, c'est-à-dire la destruction générale de tous les êtres, à moins que le soleil ne reprenne sa chaleur primitive ou qu'un astre bienfaisant ne vienne le remplacer.

Nous donnerons un grand développement à cette théorie dans la deuxième édition.

TABLE DES MATIÈRES

Pages.

I. Formation de la terre, fossiles. 5

II. Fossiles (Suite) 12

III. Du renflement de la terre à l'équateur et de l'aplatissement à ses pôles . . 17

IV. Les mers primitives ont-elles occupé le sommet des plus hautes montagnes ? 22

V. Chairs conservées dans les glaces pendant dix mille ans ! 30

VI. Critique des savants 37

VII. Le feu central est-il douteux ? . . . 46

VIII. La terre à l'état gazeux 54

IX. La terre à l'état liquide et à l'état solide. La fin du monde doit-elle arriver par la famine ? 61

Paris. — Impr. de Ch. Noblet, 13, rue Cujas. — 1879.

www.ingramcontent.com/pod-product-compliance
Ingram Content Group UK Ltd.
Pitfield, Milton Keynes, MK11 3LW, UK
UKHW020951180726
13838UKWH00003B/1251